SCOTCH BROTH

SCOTS HAIKU

BY

JOHN McDONALD

ISBN: 978-81-19228-30-0

First Edition: 2023
Rs. 200/-

Cyberwit.net
HIG 45 Kaushambi Kunj, Kalindipuram
Allahabad - 211011 (U.P.) India
http://www.cyberwit.net
Tel: +(91) 9415091004
E-mail: info@cyberwit.net

Printed at VCORE.

DEDICATED TO MY DEAR WIFE ANN, OUR CHILDREN, AND THEIR FAMILIES.

the maisic o buits
slaw mairchin
...the seelence o London

the music of boots
slow marching
...the silence of London
(Elizabeth 11 funeral)

#

daw haudin in -
the knock's fissog
narrer an narrer

dawn approaching -
the clock's face
nearer and nearer

#

auld fusherman
his arthritic banes
...a craikin boat

old fisherman
his arthritic bones
...a creaking boat

#

clowtin a peerie flee -
bumbazed it the bluid straik
...an the guilt

swatting a little fly -
amazed at the blood streak
...and the guilt

#

fiercelin times -
e'en i the kintra
deuks heid-buttin

aggressive times -
even in the country
ducks head-butting

#

rin-ower
craw-aipples -
a Pollock splairge

run-over
crab-apples -
a Pollock splash

#

grannie's but'n ben -
oot frae the lum
a wattergaw

grandmother's cottage -
out from the chimney
a rainbow

#

hairst -
reid, yalla, gowd, refleckit
on the scaffie's fissog

autumn -
red, yellow, gold, reflected
on the street sweeper's face

#

i the syver
sumyin's boo-tie
...heich-fleer's pairty

in the gutter
someone's bow-tie
...high-flyer's party

#

midnicht pish -
i the shunkie
a fissog pluffs!

midnight pee -
in the toilet
a face explodes!

#

tooer cran
hystin anither laid
...stackin cluds

tower crane
hoisting another load
...stacking clouds

#

the auld gangrel -
his haun-me-doon shuin
his bluidied heels

the old tramp -
his hand-me-down shoes
his bloodied heels

#

faur aff
her an hern
ilk ane in a blae-gray cot

far off
her and heron
each in a blue-grey coat

#

the acer's firie leaves
faw
...bleckened brainches

the acer's fiery leaves
fall
...blackened branches

#

on a brainch, sparks,
a raw i the sin -
suin tae be cluds...agane

on a branch, raindrops,
a row in the sun -
soon to be clouds...again

#

snail
his siller lines
o musardrie

snail
his silver lines
of poetry

#

efter the weet
speuggie lans on a brainch
brings doon anither shour

after the rain
sparrow lands on a branch
brings down another shower

#

auld tarry-breeks -
his twa powls
the swallin causey

old sailor -
his two walking sticks
the swelling pavement

#

leukin lik the hinmaist leaf
on a nakit acer
...Reid Rab

looking like the last leaf
on a naked acer
...robin

#

saw neb dookin
gaun unner - syne
scartin whaur a lug micht be

goosander bathing
going under - then
scratching where an ear might be

#

burds cheeplin
wund i the treen - an me:
Goad's HI-FI seestem

birds chirping
wind in the trees - and me:
God's HI- FI system

#

mawin the girss
the creck
o cracker nits

mowing the grass
the crack
of hazelnuts

#

doactor's appintment -
it the winnock skwurrel
hunkers creckin a nit

doctor's appointment -
at the window squirrel
sits cracking a nut

#

i the winnock
fou muin, attercap,
an the threids am claucht in

in the window
full moon, spider,
and the threads I'm caught in

#

swans
doverin i the snaw:

swans
sleeping in the snow:

#

wunter mornin -
throuch lace hingers
jeelt brainches

winter morning -
through lace curtains
frozen branches

#

new neebours -
thair bawdrons veesits
weirin a reid boo-tie

new neighbours -
their cat visits
wearing a red bow-tie

#

hogmanay rackets
brustin bricht fir saiconts
...the leal muin

new year fireworks
bursting bright for seconds
...the constant moon

#

alang the plainstanes
Yule treen untinsellt
heeld agin the buckets

along the pavement
Christmas trees untinselled
lean against the dustbins

#

furst day it schuil -
mithers
greitin

first day at school -
mothers
crying

#

Yule mornin -
treen ableeze wi sparks
sae perfitly space't

Christmas morning -
trees ablaze with raindrops
so perfectly spaced

#

2023 -
a new fissog waukens
in a shut-doon door-cheek

2023 -
a new face wakens
in a shut-down doorway

#

aw nicht
the orra maisic
o a chist smit

all night
the surreal music
of a chest infection

#

abuin ma care bed
lichts athort the ceilin
...cumin an gaein

above my sick bed
lights across the ceiling
...coming and going

#

furst snaw -
hairst's musardrie
rubbit oot

first snow -
autumn's poetry
erased

#

freesty nicht -
efter the Yule pairty
glessy-e'ed dubs

frosty night -
after the Christmas party
glassy-eyed puddles

#

blawy -
lang Johns on the waashin rope
...doitit ballet

windy -
long johns on the washing line
...crazy ballet

#

auld tarry-breeks
on's daith-bed
hearkens tae the maws pewl

old sailor
on his death-bed
listens to the gulls cry

#

furst advent caunle
sterts tae daunce -
sterts THE DAUNCE!

first advent candle
starts to dance -
starts THE DANCE!

#

unco peerie squaik -
maggie's fund
sumhin siller

strange little squeak -
magpie's found
something silver

#

trainspottin -
myndin the auld puffers
...freesty braith

trainspotting -
remembering the old puffers
...frosty breath

#

hern's fuitprents
amang the sauch leaves
...stobbie calligraphy

heron's footprints
among the willow leaves
...spiky calligraphy

#

wa-gang agane -
eemigrant laddie
nirlin i the weet

leaving again -
emigrant son
shrinking in the rain

#

maggie
nest biggin -
gies a haun wi the weedin

magpie
nest building -
helps with the weeding

#

frae ma winnock -
a tod lamps by, an
ambulance stops...it ma yett!

from my window -
a fox lopes past, an
ambulance stops...at my gate!

#

leafless sauchs -
thair yallaness
an oorie bonnieness i the weet

leafless willows -
their yellowness
a strange beauty in the rain

#

echa -
the lassie quat her sang
i the unnerpass

echo -
the young girl left her song
in the underpass

#

jazz i the gairden -
bleckie bleck bleckie broon
...a blae egg

jazz in the garden -
blackbird black blackbird brown
...a blue egg

#

mornin hunds
yowlin, knackin
the bunts o freesty ghaists

morning hounds
howling, snapping
the tails of frosty ghosts

#

fou muin -
i the gairden bawdrons' een
...yalla sins

full moon -
in the garden cat's eyes
...yellow suns

#

the fush-van
feshes a snowk o the sea
tae the causey

the fish-van
fetches a smell of the sea
to the street

#

fluid trock redd -
the burn
croonin agane

flood debris cleared -
the stream
singing again

#

roondin a bend i he burn -
the suddent licht
o swans an snawdraps

rounding a bend in the stream -
the sudden light
of swans and snowdrops

#

covid lockdoon -
we brunt oor ain palm corse
an sainit ilk ither

covid lockdown -
we burned our own palm cross
and blessed each other
(Ash wednesday)

#

voar sin
a bouroch
o daffins

spring sun
a cluster
of daffodils

#

her gairden
fou o plastic skwurrels -
she fells the rael yins

her garden
full of plastic squirrels -
she kills the real ones

#

Valentine's day -
twa speuggies
halfers a fat-baw

Valentine's day -
two sparrows
share a fat-ball

#

ma brunt haun hailin -
its huil
bairnlie new

my burnt hand healing -
its skin
baby new

#

craws in sinlicht -
on the wa
dirlin graffitti

crows in sunlight -
on the wall
kinetic graffitti

#

twa windie-waashers -
ah suddently mynd
a cataract appintment

two window-cleaners -
I suddenly remember
a cataract appointment

#

frae the yirthquak's
derk bore - a peerie bairn
caum it its hamecumin

from the earthquake's
dark hole - a tiny child
calm at its second birth

#

hern
humphed
amang the snawdraps

heron
hunched
among the snowdrops

#

swan preenin -
a bygaun jogger
...her pink pleats

swan preening -
a passing jogger
...her pink pigtails

#

swans -
yin snecks sauch twigs
the ither's baggit shiffle

swans -
one snips willow twigs
the other's pregnant shuffle

#

stert o the saison -
i the soomin puil
a lane deuk

start of the season -
in the swimming pool
a lone duck

#

a fuffy queue
suddently a bairn croons
...smirks spreid

an impatient queue
suddenly a child sings
...smiles spread

#

tropical isle
fantoosh farins
...granfaither blaws on's scotch bree

tropical island
exotic food
...grandad blows on his scotch broth

#

kintra nicht maisic -
a dug barks, twa dugs bark,
thray dugs...

country night music -
a dog barks, two dogs bark,
three dogs...

#

swaws rowin in
fite-cappit
...maws on the strand

waves rolling in
white-capped
...gulls on the shore

#

shinders
ower the firth
... bodachs daffin it petanque

shooting-stars
over the estuary
... old men playing petanque

#

cailleachs' yoga
on the strand -
tiggin taes...seiven muins

old ladies' yoga
on the beach -
touching toes...seven moons

#

voar scooryin
tae brust oot
...magnolia's olympic blinkie

spring racing
to burst out
...magnolia's olympic torch

#

efter the mawin
a hirplin bummer
heidin fir the gairdener

after the mowing
a limping bee
heading for the gardener

#

on a cauld mornin
the birsle
o gean flourish

on a cold morning
the warmth
of cherry blossom

#

voar circus -
tits birl bi thair nebs
on threid-thin sprigs

spring circus -
tits spin by their beaks
on thread-thin twigs

#

airlie mornin -
the blinterin licht
on the eesock's breist

early morning -
the flickering light
on the dipper's breast

#

pear flourish -
...an yon tig o reid
on the petals' lips

pear blossom -
...and that touch of red
on the petals' lips

#

ristin bi the waaterside
unner
a blae sauch-pattrened lift

resting by the riverside
under
a blue willow-patterned sky

#

i the busses
a mistaen flourish:
chaffie

in the bushes
a mistaken blossom:
chaffinch

#

in an oot
o the auld postbox:
tits

in and out
of the old postbox:
tits

www.ingramcontent.com/pod-product-compliance
Lightning Source LLC
LaVergne TN
LVHW091240150826
845673LV00003B/1236

* 9 7 8 8 1 1 9 2 2 8 3 0 0 *